¿Quién soy?
adivinanzas
animales

Ediciones Destino

Para Andrea Robleda Giffenig – Margarita Robleda
Para Tato y Carmen – Natalia Gurovich

Copyright del texto © 2003 por Margarita Robleda
Copyright de las ilustraciones © 2003 por Editorial Planeta Mexicana
Ilustrado por: Natalia Gurovich
Todos los derechos reservados

Publicado por:
Ediciones Destino
© 2003, Editorial Planeta Mexicana, S.A. de C.V.
Avenida Insurgentes Sur 1898
Piso 11, Col. Florida,
01030 México, D.F.
ISBN: 970-690-805-6

Impreso en México

¿Quién soy?

adivinanzas animales

Margarita Robleda

con ilustraciones de Natalia Gurovich

De un huevo blanco y hermoso
una mañana nací,
y al calor de una gallina
con mis hermanos crecí.

4

Nadie sabe dónde vive,
nadie en la casa lo ve,
pero todos escuchamos
su croac croac cuando llueve.

No importa si hace frío
o si hay mucho calor,
siempre lo verás envuelto
en un blanco cobertor.

Tiene cuatro patas
y hace ¡muuuuuuuuuu!
nos da leche
y se llama Lulú.

Sólo nada en agua fría,
es enorme y serena,
nunca la veras vacía,
porque siempre va llena.

En un tronco de árbol
hace su casita,
como si fuera un banco
ahorra en él su comidita.

Con sus ocho patas peludas
teje bellezas de encanto,
pero si la miro de cerca
grito de espanto.

Tiene cuatro patas
y no es un pato,
y aunque tenga silla,
no se sienta
ni siquiera un rato.

11

Es rey sin corona,
con melena y gran rugido,
basta con encontrarlo
para salir despavorido.

Cada vez que brinca,
cada vez que salta,
el bebito sube y sube,
el bebito baja y baja.

Camina muy despacito,
todo el mundo la pasa,
vive bien escondida
muy dentro de su casa.

Rabito corto
orejas largas,
tras una zanahoria,
salta que salta.

A pesar de ser grandote
y de ser un fortachón,
este animalote le tiene
miedo al ratón.

Sale de noche, duerme de día,
ronca su pecho con alegría.

17

Son fuertes y chiquitas,
trabajan todo el año,
elevan hojas y ramitas
muchas veces su tamaño.

Me encantan los plátanos
me encanta brincar
me ves en el circo
y en la selva jugar.

Tengo cola,
y no soy cometa,
vuelo, vuelo
sin ser avión,
soy verde
y no soy verdura,
hablo y hablo
sin ton ni son.

Tengo un pico y dos patas
y vuelo con alegría,
mis plumas nunca se mojan
cuando nado todo el día.

Mi nombre es Jira
y Fa es mi apellido,
no me puedo esconder
detrás de un ladrillo.

No es un artista de circo,
ni un bicho de gran belleza,
su gracia es que camina
con los pies en la cabeza.

Respuestas

Página 4: **El pollito**
Página 5: **El sapo**
Página 6: **El borrego**
Página 7: **La vaca**
Página 8: **La ballena**
Página 9: **La ardilla**
Página 10: **La araña**
Página 11: **El caballo**
Página 12: **El león**
Página 13: **El canguro**

Página 14: **La tortuga**
Página 15: **El conejo**
Página 16: **El elefante**
Página 17: **El gato**
Página 18: **Las hormigas**
Página 19: **El mono**
Página 20: **El loro**
Página 21: **El pato**
Página 22: **La jirafa**
Página 23: **El piojo**